王戈，笔名和风，现任中国文化艺术发展促进会荣誉会长，2012（伦敦）奥林匹克美术大会组织委员会荣誉主席，南开大学经济学院特聘教授，2011年在美国iUniverse出版社出版英文版《和文化思想论》(*On The Culture Of Harmony*)一书。

和则通 通则融 融则同
同者无内外远近彼此之别也 谓之公
故为天下为公
文明方可化解私欲 才能舍己奉公

和文化

和风 ◎ 著

中共中央党校出版社

图书在版编目（CIP）数据

和文化/和风著．—北京：中共中央党校出版社，
2017.3

ISBN 978-7-5035-6075-0

Ⅰ.①和… Ⅱ.①和… Ⅲ.①文化史－研究－中国
Ⅳ.①K203

中国版本图书馆CIP数据核字（2017）第051470号

和文化

责任编辑	周　慧　张　琳	
版式设计	宗　合	
责任印制	宋二顺	
责任校对	王　微	
出版发行	中共中央党校出版社	
地　　址	北京市海淀区大有庄100号	
电　　话	（010）62805830（总编室）	（010）62805821（发行部）
	（010）62805034（网络销售）	（010）62805822（读者服务部）
传　　真	（010）62881868	
经　　销	全国新华书店	
印　　刷	北京时捷印刷有限公司	
开　　本	787毫米×1092毫米　1/32	
字　　数	46千字	
印　　张	4	
版　　次	2017年3月第1版　　2017年3月第1次印刷	
定　　价	48.00元（精装）	
网　　址	www.dxcbs.net	邮　　箱：cbs@ccps.gov.cn
微信ID：中共中央党校出版社		新浪微博：@党校出版社

目录

"和文化"的起源

"和"的概念与范畴

关于"和文化"的几点构想

附：和文化之歌

"和文化"的起源

一、作为核心规律的 "和"

伟大的古罗马时代著名的哲学家圣·奥古斯丁有一句名言："奇迹的发生，并不违反大自然的定律，只不过是违反了我们目前所知的大自然。"

"和文化"起源于远古时代，经历了漫长的发展过程，现在正方兴未艾。

人体胚胎学的观点认为，由于在受精卵通过有丝分裂分化为体细胞的过程中，DNA 经历了半保留复制过程，所以体细胞也获得了与受精卵相同的一套基因，它也有发育成一个新机体的潜能。机体的一个相对完整而独立的部分，就是一个全息胚。

大爆炸（Big Bang）宇宙论认为，宇宙产生于一个原始奇点——"宇宙蛋"。这个"宇宙蛋"猝然发生了一次大爆炸，物质世界从"宇宙蛋"中破壳而出，于是，宇宙诞生了。宇宙诞生到现在已经

3

历了大约 150 亿年的演化。

"宇宙蛋"中包含着现在世界的一切信息，大爆炸所形成的宇宙只是原有信息在物质载体上的显化与演化。宇宙万物是由无穷多个包含着全宇宙信息的"宇宙遗传因子"复制而成的。这种复制同一个人由一个受精卵长大成人的过程和结果很相似。

宇宙的同源复制意味着宇宙间万事万物都是宇宙大爆炸前原始原子的复制品，而任何一个宇宙遗传因子中都存在整个宇宙的物质信息。宇宙万象不过是遗传因子不同的组合与它们某个层次上信息的隐、显变化的结果。因此，在宇宙中，从生命体到非生命体，时时处处都有整个宇宙的信息。宇宙是一个不可分割的、各部分之间紧密关联的整体，任何一个部分都包含整体的信息。

"和"是全息宇宙中最核心的规律，它长期普遍地影响、决定宇宙万物的命运。大自然是如此，生命是如此,非生物也是如此。大自然、生命、非生物都受"和"力量支配,因此我们所见的宇宙与自然才呈现出非凡的和谐与秩序,万物才能在其中生生不息,运行不悖。

二、"和文化"的物质基础

"春种秋收",从种下种子开始,到收获果实结束,这是植物的全息同源复制。人一生一死,是人生的全息同源复制。我们再看人体大脑,它统率着五脏六腑,四肢血脉纵横交叉,井然有序。当我们返观内视时,不能不感到这俨然就是一个社会。从现实中我们可以发现这个道理:一切社会化的事物,如信息产业、交通运输业、互联网络等,都是人体内潜在的社会系统的一种显化适应,是个体需要的社会化。如果人体内部潜在的社会没有这些需要,社会上就绝不会产生出那些社会化的东西。从这个意义上说，社会系统是全息同源复制人体小社会的必然结果。这是"和文化"的物质基础。

三、"和文化"的精神基础

"和文化"的精神基础是精神同源复制与唤醒，即人类在长期的进化过程中以一种全息的形式迅速复制了人类已获得的各种信息潜能并将其唤醒。因为在生活中我们并不能事事体验，而且并不是事事都能够体验的。那么婴儿是怎样理解那些无法用动作来表达的东西呢？既然很多东西是无法言传的，婴儿是怎样意会并且又是如何获得意会能力的呢？科学界认为：在人的大脑中存在着人类初始遗传的意会全息同源结构。关于这一点，科学家们曾做了实验，把婴儿与黑猩猩的幼儿一起培养教育，黑猩猩的幼儿无论如何也学不会人类特有的语言与无法言说的意会，而人类婴儿在成长中很容易接受这些。黑猩猩只能懂得几个固定化或程序化的暗示。就是说,人类的这种意会结构是在长期的精神同源复制与唤醒过程中形成的,它是在物质世界中到处存在的信息全息共振的基础上发展起来的,是信息全息精神同源复制与唤醒共振在生物体上的内化。生命从一开始就对各种自然环境有着同源信息的唤醒与体验,以致逐渐内化到遗传基因里去,形成与这种环境相适应的全息结构,从而能够对这种自然环境加以识别。我们可以知道人类的意会全息结构是同一的。每一个个体的意会同源复制结构都是人类唤醒的结果,因此它是人类智力唤醒的一个全息元。

从横向的方面说,作为宇宙核心规律的"和"与人类"和文化"在精神上存在全息关系,它并不是抽象地凌驾于人类之上的东西,而是具体地存在于人类文化精神之中。实质上,它是人类文化精神之间全息协同作用所形成的总趋向。因此，"和"实质上已经潜在于人类文化精神之中，并且在人类文化精神的全息协同作用中显现出来。同时，"和"又反过来在人类中留下自己的精神同源复制，从而使人类文化精神又成为"和"的缩影，故称之为"和文化"。人类"和文化"都以精神同源复制与唤醒的方式分享着宇宙核心规律的"和"。但人类每一个独立的人与宇宙核心规律的"和"的全息形态是不同的，故为"和而不同"。

四、人类文明中的"和文化"

物质变精神，精神变物质，这在今天已成为常识，但当我们从全息物质——精神同源复制与唤醒的观点来加以考察时，又发现它们有新的更深刻的含义。物质和精神是相互区别、相互联系和相互转化的，当人们从精神——物质、全息物质——精神同源复制与唤醒的角度把握了物质世界时，物质即变为精神，这就是通常所说的精神是物质世界的反映。但精神不是消极地，而是积极能动地反映物质世界，在一定条件下，精神能够对物质世界的发展起巨大的作用。

高楼大厦是对建筑师设想的全息同源复制与唤醒的重演，万吨巨轮按人们的意志在海上遨游，航天飞机架起天空和大地的"桥梁"，电脑操纵的"活"的机器人……这一切人工产物、人工世界的乐园，都是物质——精神同源复制与唤醒精神的结果，是精神的物化。

至此，我们可以这样来表述全息物质——精神同源复制与唤醒：物质与精神的同源复制与唤醒是相互的，人工世界既是人类精神外化的结果，又是物质世界全息物质——精神同源复制与唤醒人类精神的结果。正是物质对精神的全息同源复制与唤醒造成了主观世界和人工客观世界的全息同构。

"和"是以全息宇宙核心规律的形式投射到人类文明进程中的。对于这一点,古人早就深刻地意识到了。他们提出的"天地大宇宙,人体小宇宙"的思想观,是宇宙全息同源复制并唤醒了人,从而使人类的文化精神又成为"和"规律的缩影。沙粒中的原子结构图与星系结构图何其相似——正因为宇宙是全息的,因此我们可以由此及彼推知事物。社会系统不过是人自身系统的外化形式。人类通过宇宙全息同源复制与唤醒,发现了事物发展的一般规律,发现了精神世界如何与物质世界统一起来以及它们之间的互相作用力。

因此,从本质上说,人和万物均为独立个体,平等地存在于宇宙空间,理应尊崇"与天和、与地和、与人和、与大自然和谐共生共荣"的原则。而由此发端的"和文化"包含了"和"的理念、"和"

的道德、"和"的制度及"和"的智慧，涵盖自然的、物质的方面和人文的、精神的方面。

"和"的观念在人类中很早就有了，它最初根植于人类早期农耕文明之中，与早期人们的物质生活有着密切的关系。中国字"和"的写法，从禾从口。"口"，《说文》云："人所言食也。"这说明"和"的最原始含义是"禾"满足了人们的物质生活需要，即饮食之和。另外，从《中国书法大字典》得知，"和"字的源起是上古时期的一种能吹奏的乐器，吹奏出来的声音非常和谐。由此，"和"字最初是代表"和谐"之意，以后又衍生出"包容"和"和平"的含义。

"和"作为人类精神，在其形成的过程中，从尧的"协和万邦"、史伯的"和""同"说、孔子的"和为贵"，到北宋大儒张载的"仇必和而解"、孙中山的"大同和谐"、冯友兰的"大和"等等，许多人作出过卓越的贡献。

人类自有史以来，就具有鲜明的"和"的理念与"和"的精神。人类历来崇尚"和谐"，追求"和睦"，坚持"和平"，早就提出了和平共处、和衷共济、和平竞赛、和合共生、"和协"、"和谐"、"和生"、"和平"、"中和"、"人和"、"太和"等说法。中华古代文化对"和"的意义有非常深刻的认识，"和"被视作宇宙的根本规律："和也者，天下之达道也，致中和，天地位焉，万物育焉。""和"是宇宙生生不息的根本保证，万物各得其和以生。"和"是至德，强调矛盾双方和谐统一。"和"具有重要的政治意义："天时不如地利，地利不如人和。"

尧在位 70 年，政绩卓著。他一生最大的政治目标就是要实现"协和万邦"的和谐盛世。他为实现"协和万邦"而艰苦奋斗，耗尽了毕生的精力。尧"协和万邦"的理念与精神，深入人心。其后，孔子认同和发展了史伯的观点，提出了"君子和而不同，小人同而不和"，孔子的学生有子提出了"仁者爱人，礼之用，和为贵"。孔子更把"和为贵"精神落实到社会层面，在《礼记·礼运》中设计出"小康"社会和理想的"大同"社会。《大学》里所说的"修身、齐家、治国、平天下"，是先秦儒家关于构建和谐社会与和谐世界的最明确、最系统的纲领性学说。孟子和荀子也都十分重视"人和"的作用。

《中庸》进一步把"和"的理念与"中"的理念紧紧地结合起来，形成了"中和"的新理念，并提出了"致中和"的方法和重要性。"喜怒哀乐之未发谓之中，发而皆中节，谓之和。中也者，天下之大本也；和也者，天下之达道也。致中和，天地位焉，万物育焉。"以孔子为代表的儒家在使"和"成为中华民族精神的系统工程中，作出了卓越贡献。儒家在这一工程中薪火相传，代不乏人。

张载说："有像斯有对，对必反其为：有反斯有仇，仇必和而解。"冯友兰充分肯定并高度评价了张载的这句名言。他说："张载说'仇必和而解'，这个'和'字，不是随便下的。""和"是张载哲学体系中的一个重要概念。张载认为，一个社会的正常状态是"和"，一个宇宙的正常状态也是"和"。这个"和"，就称为"大和"。他还说过很有名的一句话："为天地立心，为生民立命，为往圣继绝学，为万世开太平。"

近代伟大的民主革命先行者孙中山先生，为领导资产阶级民主革命，创立了强调"民族"、"民权"、"民生"的"三民主义"学说。民族主义就是反对帝国主义，主张国内各民族一律平等；民权主义就是建立为一般平民所共有，非少数人所得而私的民主政治；民生主义就是平均地权、节制资本。

三民主义学说，在社会建设方面是以"大同"社会、和谐社会为最高理想的。他说："人类进化之目的何在？即孔子所谓'大道之行也，天下为公'，'大同世界'即所谓'天下为公'。"孙中山主张的互助原则是构建和谐的基础。他说："物种以竞争为原则，人类则以互助为原则。社会国家者，互助之体也；道德仁义者，互助之用也。人类顺此原则则昌，不顺此原则则亡。此原则行之于人类当已数十万年也。"孙中山虽然"革命尚未成功"，但他仍不屈不挠地以构建和谐社会为其一生的奋斗目标。

"和文化"，经过人类在各个历史时期漫长的社会发展过程中的培育，目前正在继续发展。

"和"的概念与范畴

一、作为世界观的"和"

长期以来，在人类的思想发展史上，对于物质和意识的起源，在是先有物质还是先有意识的问题上形成了两大思想体系。认为物质是世界第一性的，形成了唯物主义思想体系；认为意识是世界第一性的，形成了唯心主义思想体系。这两大思想体系孰是孰非，几千年来争论不休，始终不能达到统一。随着人类认识的不断深化和人类文明程度的不断提高，特别是由于高科技手段的出现，人类的认识不断深化，人类的文明程度得到提升。"和"这一概念就是在这个基础上应运而生的。"上下四方曰宇，古往今来曰宙"，宇宙是时间与空间、物质和意识的统一体。而"和"作为宇宙的核心规律，统一于物质和意识之上，为人类提供了更先进的认识世界和改造世界的世界观与方法论。"和"作为一个超越性的思想体系，它包含如下范畴：

1．"和"。所谓"和"，既是斗争，又是统一，既是手段，又是目的，是矛和盾的统一体。例如，把一个5岁的孩子、一只5岁的猩猩和一只5岁的猴子，都放在学校里进行教育。人学会了知识，可猩猩还是猩猩，猴子还是猴子。这是因为学习知识的能力本身存在于人自身，是人类的本能，我们只是通过教育手段唤醒这种学习的能力，而猩猩和猴子则不具备这种唤醒的基因。那么在这个意义上过度地强调物质第一还是意识第一，就变成了公说公有理，婆说婆有理，永远没有结果。只有"和"的理论告诉我们，世界的万事万物都是和而不"同"的。

2．"同"。何为"同"？同是事物内部之间相互联系、相互补充、相互作用的一种场。这种场现象存在于世界的万事万物之中，存在于任何事物发展过程的自始至终，它无时不在，无处不在。比如，在人类几千年的发展过程中，始终存在着共同的基因，凡具备人类属性的，都称其为人，人的属性就是人类的"同"。再比如，植物，无论它多么丰富多彩、种类繁多，但只要具备了植物的属性，就称其为"植物"，这就是植物的"同"。大千世界，无论多么纷繁复杂，都能寻找到它的"同"。

3. "异"。何为"异"？就是事物在拥有共同属性的基础上，又拥有各自的特殊性，正是这种特殊性，构成了大千世界。比如，当代世界的人，在具有共同属性的基础上，又分为2500多个民族，每个民族都有语言的不同、生活习惯的不同、文化底蕴的不同。正是这些不同，构成了世界上的多种民族。

总之，世界就是在"和"的基础上"求大同，存小异；求小同，存大异"，渐进发展。

二、作为方法论的"和"

"和"对人类文明新阶段的发展实践有着巨大的指导意义：天人之和，构架生态平衡；家庭之和，构架万事之兴；群己之和，维系社会稳定；民族之和，促进邦国振兴；宗教之和，弘扬世界安宁；国家之和，构架世界和平。

1. 天人之和，构架生态平衡。这里指的是人与自然之和，人和自然也是相互联系、相互补充、相互作用的。人类只有尊重大自然，大自然才会尊重人类；否则，就会破坏人与自然之间的和谐。全球气候变暖、碳排放等环境问题都迫使我们去认真研究人与大自然之间的"和"。天人之和讲的是人与自然的关系，讲的是人要知天，最终目标是实现天人之和，解决人类的生态危机。人应亲近自然、重视自然、寄情自然、领会自然。

社会之和包含了人与自然、人与人、人与社会三层递进的关系。和，首先是人与自然之和，这是最基本的和。可以说，没有人与自然的和，任何其他的和都无从谈起。自从类人猿进化成为懂得制造工具的人之后，人类社会与自然就产生了错综复杂的交叉联系。人类虽为自身创造出了与自然完全不同的自为世界，但是自为世界仍旧依托自在世界。所以人类既是自在世界的产物，又是自为世界的创造者。人类社会与自然界究竟应当建立一种什么样的关系，关乎人类的命运和人类所生存的地球的命运。人类对人与自然关系的不断探索和自我反省，是我们研究和思考的理论前提。

(1) 利用自然资源的两种后果和人与自然关系的演变轨迹。整个人类的历史，从某种意义上来讲，就是利用自然资源的历史。生产力水平提高的主要标志，是利用自然资源的水平和利用自然资源的手段的提高。然而，人类利用自然资源的过程并非是一帆风顺的。

·**人类利用自然资源的两种后果：**尊重自然、按照自然规律办事，可以造福于人类。仅就大气层而言，人类目前对大气环境还无力控制。一场台风释放的能量相当于 200 颗 2 万吨级原子弹释放的能量，人类无法减弱它的强度，但人们可以预测它的路径，减轻其危害。随着生产力水平的提高和对自然规律认识的加深，人类利用自然的规模不断扩大，不断向自觉地利用自然方面转化。人们在长期的生产实践中改造和利用自然，已经积累了丰富的经验，能够在一定的范围内利用自然造福人类。相反，违反自然规律必然受到自然的惩罚。人们在利用自然规律造福社会的同时，做了许多违反自然规律的事。在科学技术不发达的时候，人们的认识有限，追求利用自然的短期效益，看不到利用自然的长远效果。在科学技术发达以后，由于追逐短期经济效益，再加上上层建筑与管理体制方面的诸多原因，人与自然的矛盾日益突出，这使人类受到自然规律的惩罚。例如不合理地开垦土地、滥伐森林，就必然会引起水土资源的恶化。在当今世界的许多地区，对水土资源的破坏已经成为影响生产发展的主要障碍之一。

· **人与自然关系的演变轨迹**：人类社会的发展史也是人与自然从原始和谐到分离、对立、对抗，再到和谐、协调发展的历史。人与自然本身就是一对矛盾，人与自然的关系是个亘古永存的话题。它反映着人类文明与自然演化的相互作用，揭示了人类社会的生存发展依赖自然、改变自然、影响自然的结构与功能的辩证发展过程。

在原始社会阶段，人与自然的关系表现为整体和谐。在人与自然的共处中，矛盾的主要方面或者说起主导作用的是自然。自然环境的变化迫使部分类人猿从树上转到地面上生活。进化成能够制造工具的人以后，人类脱离动物界独立发展，形成了两大基本特征：直立行走，脑量增加，体质发生重大变化，即所谓人类的生物适应；工具的制造与火的使用，即所谓人类的文化适应。这两种适应在其发展中，随着自然环境的变化而变化，这样才有了人类的进化和人类社会的产生。但由于生产力水平十分低下，原始社会自然环境的产物（如水中的鱼、空中的鸟、森林野地的野菜和野果）是维持原始人生存的必要条件。那时人类只能被动生存在自然的环境中，因而在原始社会，人与自然关系的和谐表现为人类对自然的敬畏和被动服从。人与自然和谐的主导因素只能是自然，自然决定了人类的生存与发展。

在农耕社会阶段，人与自然的关系仍然是整体和谐。值得注意的是,这种整体和谐开始出现了变化,即在整体和谐的基础上出现了阶段性的、区域性的不和谐。由于人口的增加和生产力水平的逐步提高,人类开始不安于自然的庇护和统治,在利用自然的同时试图改造与改变自然。而这种改造和改变,因人类对自然的认识水平低和科学技术的发展缓慢,往往有很大的盲目性、随意性和破坏性。又由于农耕时代自然人口增长速度较慢且数量不多,整个自然资源比较丰富,人类对大自然的破坏仅仅是阶段性的和区域性的。同时,人类也开始萌发出顺应自然的一些思想。

工业文明阶段,人与自然的关系整体上处于失衡状况。从工业文明的出现至 20 世纪 60 年代,随着科学技术的进步和社会生产力的发展,人类对自然的理念也发生了改变,即由"利用"变成"征服","人是自然的主宰"及"人为自然立法"的思想占据了统治地位。有的学者曾认为，借助科学"我们就可以使自己成为自然的主人和统治者"。人与自然的关系产生了很大的变化，人类对自然的征服和统治变成了对自然的掠夺和破坏。自然资源被大规模、无节制地消耗，污染物大量排放，某些自然资源枯竭，生态日益恶化，能源危机、环境污染、水资源短缺、气候变暖、土地荒漠化、动植物物种大量灭绝等灾难性的后果日益严重地威胁人类的生存与发展。

　　人类进入后工业文明阶段，人类对人与自然关系的认识产生了新的飞跃，人与自然的关系有望在以人为本及科学发展理念的指导下实现和谐。这是因为人类在征服自然、获得巨额财富的同时，也制造了巨大灾难，这迫使人类反思人与自然的关系，全球治理成为各国的共识。1972 年 6 月 5 日，联合国发表了世界上第一个维护和改善环境的纲领性文件——《人类环境宣言》，郑重声明人类只有一个地球，人类在开发利用自然的同时，也承担着保护自然的义务，人类与环境是不可分割的共同体。1987 年 2 月，世界环境与发展委员会向联合国提交了一份题为《我们共同的未来——从一个地球至一个世界：世界环境与发展委员会的总观点》的报告，报告提出了"可持续发展"的观念，并对"可持续发展"作了一个迄今为止最权威的界定：既满足当代人的需要，又不对后代人满足其需要的能力构成危害的发展。可持续发展理论从此深入人心，人类社会也由此开始新的发展历程。此后一系列具有里程碑意义的纲领性文件和国际公约相继问世，标志着实现人与自然和谐发展已成为全球共识。在对全球进行综合治理的条件下，人与自然和谐发展是可以预期的。

（2）人与自然关系不和谐的认识根源。 和谐发展是人与自然关系的一种理想状态，但人与自然关系的和谐发展不是静态的。社会进步和科技发展无时无刻不在改变人与自然的关系。人与自然的关系也是在"和谐——不和谐——新的和谐"的曲折过程中不断向前发展的。回顾人类历史对人与自然关系认识的复杂过程，可以看到人与自然关系的失衡是有着深刻的认识根源的。

· "人类中心主义"的影响：工业社会的发展带来生产力水平的迅速提高，它在为人类创造巨大的物质财富的同时，也导致人类自我意识的极度膨胀，使人类滋生了极端狭隘的"人类中心主义"思想。"人类中心主义"认为人类是万事万物的中心，人是价值和价值判断的主体。这种认识坚持一切从人的利益和价值出发，忽视人类的存在必须以自然的持续存在为前提。由此，人类对大自然进行了恣意妄为的疯狂掠夺和破坏，破坏了人与自然的和谐，危害了人类的根本利益。今天，仍然有些发达国家为了本国的利益，不顾其他国家和全人类的利益，把污染环境和具有不可逆的破坏性的产业输出到经济落后的国家和地区；在世界的许多地方也仍然存在着为了眼前的经济利益而肆意破坏环境的现象。极端的"人类中心主义"导致整个地球生态失衡、资源枯竭及环境污染，最终威胁到人类社会的生存和发展。如禽流感和其他传染性疾病对人类的威胁，都是由于人与自然关系失衡而引致的自然界对人类的报复。

· **人与自然关系的错综复杂性导致人类认识的偏差**：一方面，人类对自然的认识由于受主客观条件的制约，必然要经历错综复杂的过程，这是导致人类不能正确认识自然的主观原因。由于自然界本质上是一个永不停歇的运动变化过程，人类对生态系统循环规律的认识也是曲折发展的。在原始社会和农耕时代，人受自然支配和奴役的最根本原因是生产力落后和科学知识的贫乏，这导致人对自然的无知和敬畏。工业革命以来，随着科学技术水平的提高，人适应自然、认识自然的能力得到了提高；但是情况又走向了反面，人类对自然的作用被夸大，人类把自己当作自然的主宰，随意改造自然、征服自然。人类凭借先进的科学技术过度开发、利用和改造自然，对自然造成了巨大的破坏，自然的自净能力越来越差，使自然界越来越不适合人类活动。另一方面，人类的实践活动在解决具体问题和矛盾的过程中会涉及多种错综复杂的关系。虽然在全世界来说，国际社会已经对正确处理人与自然的关系的重要性达成初步共识，但国家与国家在意识形态、政治、外交、军事、经济、文化等方面的利益矛盾仍然十分复杂，要把共识落实为具体的行动还任重而道远；同时各地的条件千差万别，效率与公平、先富与后富、局部利益与整体利益、长远利益与短期利益等矛盾冲突也极为明显。人类曾经经历过为脱贫和快速发展而牺牲环境以及在经济发展之后再治理环境的片面追求经济效益的弯路，不少地区甚至为了短期和眼前的经济利益而对环境造成永远无法弥补的严重后果。尽管我们现在已有较为清醒的认识，但要杜绝那些做法并不是轻而易举的，须作出巨大的努力。

（3）转变观念是实现人与自然和谐发展的前提。现实告诉我们，要达到生产发展、生活富裕、生态良好的目标，就必须正确处理人与自然的关系，转变一些陈旧、过时、片面的观念，树立正确的人地观、价值观、生产观、伦理观，实现人与自然和谐发展。

·**必须转变"人是自然的主宰"的人地观**：这种人地观建立在人类社会与自然界是对立的基础

上，认为人类社会的发展就是征服自然和掠夺自然的过程，认为向自然索取越多，物质财富越丰富，物质文明的程度也就越高。这种人地观导致了人类对自然的掠夺和生态环境的日益恶化。人类必须认识到大自然是承载人类文明大厦的基石，是人类社会产生、发展的基础，对自然的掠夺就是对人类社会明天的掠夺。人类社会是自然界长期发展的产物，要达到人与自然的和谐相处，就必须充分认识到自然资源是有限的，对自然的索取应保持良性循环；人类生产与生活所产生的废弃物不能超出大自然的自净能力，爱惜资源、保护环境是人类必须承担的责任。

·**必须转变消费主义与享乐主义的价值观**：随着社会生产的不断进步，人们的物质追求由低档次向高档次递进，由简单稳定向复杂多变发展。这种消费需求上的变化从一个侧面反映了经济社会的进步状态，但也使消费主义和享乐主义逐渐主宰了人们的经济社会生活。由于生产能力迅速提高，物质财富激增，个别时期形成"供过于求"的虚假现象，消费主义、享乐主义的价值观也因此大行其道。这种价值观把人们精神的满足完全建筑在物质消费的基础上，实际上是把人的尊严和价值与消费、特别是大量的浪费等同起来，形成了拥有财富的人就是大肆挥霍资源的人，大肆挥霍物质财富就是富有的表现等"暴发户"心态，这种心态消解甚至扭曲了人文精神的真正意义。树立正确的价值观，就是要将自身的幸福体现在适度消费之中，寻找消费行为与理性需求的平衡点，用人类应有的理性去约束具有无限扩张的消费欲望；就是要求人们把消费建立在符合物质生产与生态良好发展的水平上，在对生态环境给予保护的前提下来满足人们的消费需求，使人们的消费具有适度性、可持续性、全面性、协调性与精神消费第一性等特征。

·**必须转变陈旧的生产观念**：在原始文明、农耕文明和工业文明时代，生产被当作谋取基本生活资料的手段和满足自身需要的活动。从某种意义上说，这种工具性生产的发展和工具理性的张扬是自然生态系统遭受破坏的重要原因。我们要把保护自然和保护环境纳入生产力发展的范畴，绿色 GDP 概念的提出、循环经济的确立都告诉我们，人与自然的关系应当是、也必须是：人类只能在认识自然、尊重自然、保护自然和博爱万物的前提下利用自然，使人类与自然万物在高度和谐统一中相互转换物质和能量，最终实现人类与整个自然生态系统的和谐发展。

·**必须转变过时的"善"与"恶"的伦理观念**：任何社会形态都有与之相适应的伦理支持系

统，都存在人类对善行与恶行的不同理解，都必须
达到人们普遍认可的和谐伦理。在现代社会的和谐
伦理的视野中，人类的最大幸福与价值，不再是通
过蛮横地支配自然万物来获得，而是通过运用和谐
理性促进万物的平衡发展来获得。人类只有成为有
利于人与自然和谐的因素时，才是善的，否则就是
恶的。生态问题的日益恶化实际上折射着人类的道
德危机。自然生态系统是一个历经亿万年形成的整
体，在这个系统中，所有生命都有一定的位置，都
有持续生存的权利，和谐而有序的生态系统是人类
社会存在和发展的前提。只有把自然万物包括在人
类社会的和谐伦理关系之中，人与自然的关系才能
真正获得和谐发展。人类离不开大地，人与自然的
矛盾集中反映在环境和生态保护上。优美、适宜的
环境和生态可以为社会的可持续发展提供有力的保
障。进入21世纪后，对环境资源的保护日益深入

人心，综合治理、退耕还林、退牧还草及保护生态平衡已经成为矫正我们过去在人与自然关系上的失误的重要举措，其核心就是谋求环境、生态、社会和经济上的可持续良性循环，最终实现天人之和。

2. 家庭之和，构架万事之兴。家庭是社会组成的基本单位，也是国家安定的主要力量。家庭的和谐与否，对社会和谐起着至关重要的作用。这是由于家庭是国家组成的细胞，一个国家的形成，是由千千万万个家庭组成的。如果一些家庭出现不和睦、不团结，就会影响其他家庭，也可能造成许多家庭出现不和谐，社会、国家的和谐也将是一句空话。家庭中父母、儿女、兄弟姐妹、夫妻，一家子团结一致，相亲相爱，是社会和睦的前提。先贤之所以重视家庭的和谐，究其原因，主要有三：

首先，国与家是血肉相连的。从历史的渊源看，家庭的起源早于国家。早在远古时期的母系社会中，在无君无国的时候，以母亲为中心的家庭就出现了。在原始社会中，人类"与木石居"，"与豕鹿游"，没有那种固定的现代组织形式。后来，渐渐地才有家庭的出现；有了家庭，居住才有可能。再由家庭人口的繁殖，扩大范围，遂形成大的氏族；后来，由多个氏族联合成国家。我们所说的国家，先国后家，是从大义而言；若从渊源讲，应是先家后国，称"家国"。故有"国是扩大的家，家是缩小的国"的说法。

其次，由于国家是由千千万万个家庭组成的。那么，国家的利益，应当是与绝大多数家庭的利益一致的。国家维护家庭利益，而每个家庭维护国家利益则是天经地义的。比如，在严重的自然灾害面前，单一的家庭很难抵御灾害，而国家则应当组织力量，帮助这些受灾的家庭抗灾救灾。同样，当国家受到入侵时，家庭应义不容辞地积极参与抗击外来侵略，这就是保家卫国，也是爱国爱家。"亲民"理论，既是维护国家的管理和国家的利益，也是维护老百姓个人及家庭的利益。

最后，重家庭和谐，主要是重人的道德素质培养。在家庭成员之间，有浓浓的亲情，能互相关爱，就易于养成诚实、谦虚、宽容、有爱心的优秀品德，也易于克制私欲的膨胀。这些优秀品德的养成，不是靠外来的压力，也不需专门办学习班，而是靠自律，靠在与家人朝夕相处的长期实践中逐渐形成这样的心理习惯。一个人，他既是家庭成员，又是社会成员。在社会中，不管是当官，或是做老百姓，在与人交往中，都需要这些优秀品德。正如联合国教科文组织的泰勒先生在孔子诞辰2540周年纪念学术会上的致辞中所说："孔子推崇家庭和建立一个美满家庭所需要的互爱互尊。家庭单位是建立在父母子女、兄弟姐妹之间的那种基本关系的基础上的。同样，这种关系的纽带也存在于朋友之间，乃至存在于一国的领袖与该国的公民之间，这种关系尤其体现在互爱、互尊和克己。而我们的世界急切地需要这些。”

如何搞好家庭和谐，这不是一句两句口号可以实现的。它是经过数百代、上千年的文化积淀，严格要求每个家庭成员履行自己的职责和义务而实现父义、母慈、子孝、兄友、弟恭。治理国家，要把家庭的和谐放在首位，规定作父、母、兄、弟、子、女者应尽的责任，以实现父子有亲、君臣有义、夫妇有别、长幼有序、朋友有信。做父母的要爱护子女，做儿女的要爱敬父母；做国君的要走正道，做臣下的要忠；做丈夫的要义，要挑起家庭的重担，做妻子的要顺，做好帮手；做哥哥的要爱护弟妹，做弟妹的要尊敬兄长；朋友之间交往，要有诚信。家庭之中，互爱互敬，团结和谐，克制私心，各尽义务，各作奉献。

在史前的母系社会中，人们特别爱敬自己的母亲，便有孝的现象产生；进入到知母也知其父的时期后便开始爱敬自己的父母，孝的观念开始形成。对父母的爱敬，特称为孝。古人把孝作为社会公德来培养，在选拔官吏和判断人的是非善恶时，都把是否孝作为首要条件。孝子的美德代代相传，它把家庭成员凝聚在一起，达到和睦、团结，再将此推及天下，则使千千万万个家庭和睦、团结。"以孝治天下"正是这种逻辑的推演：以孝为核心，从纵的方面团结家庭、家族，从横的方面，推广至社会，达到天下和谐。社会伦理乃奠基于家庭，而家庭的伦理，则奠基于个人内心自然之孝悌。这是一个最起码的常识。各种美德的培养，均离不开爱敬。父母与子女间的爱，是人性中最为真诚的部分。父母生育养育子女，是无私的，并乐意付出艰辛；要求子女孝，报答生育、养育之恩也是天经地义的。若从大义讲，先君后父，先国后家；若从渊源讲，先家后国，孝为忠之本。

今天，人们的物质生活水平空前提高，这是事实。可是在金钱物欲的洪流中，传统美德却被冲得七零八落：有的人为了满足个人的物质欲望，会不赡养父母，会抛妻弃子，会兄弟反目，甚至会杀害亲人，走向犯罪。家庭的不和谐，造成严重的社会不安定。这类连自己的父母、儿女都不爱的人，绝不可能爱朋友、爱他人，也绝不可能有良好的品德。现在不少犯罪，是因家庭而起；而家庭的和谐，则要靠每个家庭成员的良好道德素质。重视传统美德的培养、重视传统家庭的和谐是社会和谐的基础。家和万事兴。

3. 群己之和，维系社会稳定。人的本质是社会关系的总和，当个人利益与集体利益发生冲突时，若个人利益能够服从集体利益，而集体利益又能充分照顾个人利益，这就能构成"群己之和"。只有"群己之和"才能维系社会的稳定。

历史是人的活动，而且是有自身目的的人的活动。换言之，人是历史发展中最重要的因素，或者说，人是历史发展的主体。历史过程中的决定性因素归根到底是现实生活的生产和再生产。离开了"现实生活"的人，任何"生产和再生产"都无从谈起。有人就会有群己的问题，群己问题是政治哲学和伦理哲学的核心问题，是现代社会文明进步的主题之一，是和谐社会的重要伦理维度。东方传统伦理在群己问题上向来重视整体而忽略个体，直到近代才有群己权界的"觉醒"；西方功利主义重视群己权界，在群己问题上凸现了个体主义，但其群己权界缺乏可操作性。和，倡导一种积极的良性的群己互动，保障的是主体创造性的自由。一个和谐的社会应该是一个"群域"和"己域"互相尊重的社会。市场经济体制一方面打破了原有的利益格局，另一方面又催生了大量的利益主体和利益群体，形成了多元化的利益格局。不同的利益主体和利益群体之间的矛盾呈现出前所未有的复杂局面，在这些复杂的矛盾中，群己的矛盾尤其突出。从政治伦理的角度对群己问题作深入探讨，不仅是建设政治文明与实现当代政治主题——建立和谐社会的需要，也是规避社会发展中由于群己界限的混乱造成的损害及损失的需要。

（1）和谐社会的重要伦理维度。群己和谐及和谐社会的含义从不同的角度有不同的理解，但是社会发展存在于并实现于作为社会主体的人的实践活动之中，"历史不过是追求着自己目的的人的活动而已"。因此，社会和谐状态归根结底是社会主体（个人、集团、群体）的和谐，而首当其冲的就是群己和谐。社会主体不是孤立存在的，而是"关系中的我"。群己关系内在地包含着三种关系：

第一，"主我"与"客我"的关系，即对自己既有"评价之心"，又有"命令之心"。"主我"是有机体对他人态度的反应，"客我"也就是采取他人看待自己的态度对待自己。"主我"与"客我"的辩证统一，意味着个体不是消极被动地顺应社会规范，而是同时保留了主动选择与自我承担的权利，使社会活动中的个体自觉产生行为责任感。这一过程，也就是一个"去自我中心"的过程。当"主我"与"客我"不能协调统一，而是处于一种疏离和分裂的状态时，往往就会出现"自我镜像"的模糊，对自己的职、责、权、利缺乏明确定位，而一个主体无法厘清自己的角色身份的社会，不可能是一个和谐发展的社会。

第二，"我"与"他"的关系。真正的主体只有在主体之间的交往中、在主体之间的相互承认和尊重中才可能存在。

第三，个体与群体的关系。现代文明社会是人的发展与社会发展协调一致的社会。"建立在个人全面发展和他们共同的社会能力成为他们的社会财富这一基础上的自由个性"阶段，是人发展的理想状态阶段。尊重主体并为个人的全面发展创造条件，是现代社会文明进步和社会和谐的目标。东方传统伦理在群己问题上向来重视整体而忽略个体，强调个体对于群体的义务和责任，个体利益淹没于群体利益之中，而个体消融于群体之中。考察东方传统的整体主义，我们不能忽视两点：

其一，东方传统伦理思想把"人道"作为重点，使道德观、宇宙观、认识论交织一体，形成了"天人合一"的思想模式。这种精神构成了东方民族的精神基础，体现在天人、群我、他我的关系上，就是人与自然、人与社会、人与人的和谐统一，即天人合一、物我统一、人我和谐的整体性意象。

其二，东方古代社会结构中，以血缘为纽带的宗法制长期存在，与宗法制相联系的家天下、家族制、家国同构，在"礼"的维系下形成了等级森严的专制制度和宗法制度。个体对于"公"、"整体"及其代表的统治者唯有服从，个人的存在和发展必须以整体的发展为转移。儒家整体主义经帝王专制化后，变成重视道义的道德决定论和注重精神境界的伦理价值学说。群体本位的整体主义是依靠宗族的血亲、世系等关系来形成、维系和巩固的，国是统治家族的放大，家与国是一个整体，于是"心、意、身、家、国、天下、宇宙、形上之天"联结成整体性意象，孵化出具有凝聚力的整体主义精神。中国传统的整体主义为实现封建社会控制和协调人际关系，对中华民族的凝聚和发展起了积极作用，但因其对个体的漠视以及与专制主义、王权主义的媾和，在历史的发展过程中愈加凸现了其负面作用：就社会政治控制而言，导致了专制政治；就社会生活而言，导致了个性保守、压抑，创造性受约束；就社会结构发展而言，导致了自我封闭，从而使中国传统社会向现代转型步履维艰。

自古希腊德谟克利特开启了功利主义伦理思想以降，功利主义思想成为西方伦理思想史的主流，在梳理探寻中，我们亦可发现其对群己问题的合理思想轨迹：

第一，重视个人利益。爱尔维修明确提出了功利主义伦理原则，认为人类道德的核心问题就是利益问题，"利益在世界上是一个强有力的巫师，它在一切生灵的眼前改变了一切事物的形式"。没有离开利益的生活，更没有抛开利益而独立产生的道德，"如果爱美德没有利益可得，那就决没有美德"。

第二，对自私、自利和自爱的限度认识。当霍布斯提出人与人之间处于"狼与狼"的状态，"人的自我保存"是人类的天然本性，自利和自爱才是道德的基础，这一观念立即招致来自各方面的反对和批评。休谟指出，人除了其自私的自然本性外，还有其社会性："人类是宇宙间具有最强烈的社会结合欲望的动物，并且最多的有利条件适合于社会的结合。我们每有一个愿望，总不能不着眼于社会。完全孤立的状态，或许是我们所能遭到的最大惩罚。"

第三，个人利益是社会利益实现的基础。边沁的功利主义原则的逻辑起点是"不了解个人利益是什么而奢谈社会利益，是无益的"。因此当他强调"我们对任何一种行为予以赞成或不赞成的时候，我们是看该行为是增多还是减少当事人的幸福"

时，"最大多数人的最大幸福"的原则就可以理解为"最大多数个人的最大利益"原则。边沁的思想落实在社会主体的生存实践中，因而具有一定的现实性与合理性。

第四，群己权界。穆勒继承并发展了功利主义思想，他在《论自由》中提出了一个功利主义原则——群己权界原则：其一，个人行为只要不涉及他人，个人就不必向社会交代，他人或社会也无权干涉；其二，个人行为如果涉及到他人，则个人必须向他人或社会交代，如有必要，他人或社会也可以干涉。换言之，个人利益与社会利益以及个人权利与国家政府权力之间，必须有一个明确的限度和边界，即无论是个人还是社会、国家和政府，其行为都应不侵犯、不损害他者的利益和权利。显然，东方传统整体主义的道义论轻视个体的存在。而西方功利主义的群己论重视个人主体，也试图确立群己权界，但这种权界着重涉及个人自身部分，张扬了个体，忽略了作为社会中的人总是处于相互交往和相互影响的关系中，因而其群己权界是模糊的和偏颇的；另外，其对个人自由的界定以及当自由遭到侵犯时应该怎么办的论述都是不完全的，因此功利主义的群己权界在实践中缺乏操作的可行性。综上所述，用道义论补充和完善功利主义的缺陷，用功利主义的长处来修正道义论的缺陷，即将美德与快乐、幸福相结合，才是提高群己意识的现实途径。

（2）走向群己和谐：从正义社会到和谐社会。从群己关系的角度而言，社会的发展经历正义社会与和谐社会两个阶段。以个体所拥有的权利而言，正义社会既保障主体的消极自由，又保障主体的积极自由，和谐社会保障的是主体的创造性自由。

所谓正义社会，一方面，首先要保障主体之自由，即生命和财产不受国家和群体的侵害。因为这种自由是主体最基本的自由，是维护主体生存和实践活动的基本保障，也是人之为人的基本条件，可称之为主体的"消极自由"。在一个社会或一个政体之下，社会机构或公共组织对公民的私域自由进行限制，甚至对公民的权益如人格尊严进行侮辱性伤害，这样的社会就不能算是正义社会。在专制主义的政体之下，要防止公民的自尊受到侮辱性伤害，这几乎是毫无保障的，如封建集权的中国历代王朝，"君要臣死臣不得不死"，各种严刑酷法对民众虎视眈眈，个体的权利得不到捍卫。然而，人恰恰因为是人、拥有人的地位才能赢得尊重。在一个法制不健全的社会，私人领域常常受到公共权力的管制或侵犯，而群体（公共）领域，包括"公共权力"本身，又常被个人意志和小集团利益所支配。一个私域有自由、公域有民主的社会，才可以确保公民的精神和心灵免遭侮辱。

　　另一方面，要保障公民享有以公正方式分享社会福利和享有政治参与权的自由，这种自由的权利是主体积极能动的表现，可称之为积极性自由。柏拉图认为理想的国家就是正义的国家，公正包含了人类全部最基本的美德，他的"城邦正义"的目的是要维持城邦的秩序和各个阶层的和睦。亚里士多德把公正作为调节社会政治生活、缓和社会矛盾及保持社会稳定的重要手段，认为公正就是各种德行的总称。休谟则指出，"公共的效用是正义的唯一起源"。罗尔斯在《正义论》一书中认为："正义是社会制度的首要价值"，其正义原则强调要平等地分配各种基本权利和义务，同时尽量平等地分配社会合作所产生的利益和负担，坚持各种职务和地位平等地向所有的人开放。并且，他认为"社会正义原则的主要问题是社会的基本结构，是一种合作体系中的主要的社会制度安排"，使正义公平获得一定的制度安排，唯其如此，才可能进一步建立一套具有普遍合理性和有效性的正义规范伦理。制度的正义包括制度本身的正义和制度运行的正义两个方面。制度正义的目的就是为了维护利益的公平和调适群己的利益冲突。

因此，正义社会一方面要处理好社会活动中的竞争公平与交换公平的问题，另一方面要处理好公共利益与私人利益的关系，特别强调政府官员不能非法侵占公共利益或以权谋私，也不能让少数人或小集团利益者打着"集体"的幌子侵占公共利益。公正的社会使全体公民焕发出主人翁的主体意识，共同维护社会生活的有序稳定，"公正显然有助于促进公共效用和支撑文明社会"。当公正成为美德，社会系统中各部分和各要素处于一种相互协调的状态，社会才有可能进入和谐社会。

和谐社会作为社会进步形态，倡导一种积极的良性的群己互动，保障的是主体创造性的自由。和谐社会为人的自由提供了一个独特的视角，同时给实践伦理学指明了方向：寻求人们如何能够从人的被奴役状态过渡到人的自由状态。和谐社会应该是理性自由人的社会，个体的理性能力得到充分发挥，个人主体活动的积极性及主观能动性得到空前的提高，个体自主行动的空间极大拓展，整个社会充满活力；和谐社会中每个个体在法律上或形式上都平等地、充分地享有个体自由，并且个体能够利用这些自由去追求自己的幸福，创造美好的生活；和谐社会从更高的层面对人的生存、人的尊严和人的幸福以及符合人性的生活条件作了肯定，从而使人们达到精神自由，使心性和谐达到心灵秩序的安顿。

（3）关于群己问题的自由限度辨析。"自由"是整个西方自由主义思潮的核心。什么是自由？

"真正意义上的自由只有一个，那就是用自己的方式寻求自己的利益。而且，并不因此而剥夺他人的利益，或阻碍他人谋求利益的努力。"和谐社会是主体享有充分自由的多元化社会，多元化既不能排斥权威，也不意味着自由的滥用：

其一，私域权是最基本的人权。一方面，公域不能侵犯私域。由于人际关系和权力体系的特殊性，在公共权力领域中过度渗透私人性的因素，造成公共权力没有确定的限制，而私人权利没有得到有效的保护，公共权力侵犯私人权利的事情常有发生。比如夫妻在家看黄碟的问题，这应是一个私域问题，却遭警察破门干涉。而此类因群己模糊和角色不清造成的混乱，从根本上阻碍公民权利的保障。另一方面，私域权之间不能相互损害，也就是说某一私人的权利获取不能妨碍或侵犯他人私人权利的获取。如言论自由是私域权，但你的言论自由诽谤、诬陷他人，甚至威胁着别人的生存优先权，这就必须禁止。在一个文明进步、法制观念良好的社会里，法律没有赋予的，公共权力就无权作出"自我裁决"；法律没有禁止的，公共权力就无权干涉私人活动领域。只有公民在私人领域中自由自在、公域和私域界限分明而互相支持的社会，才是一个和谐而愉快的社会。

其二，"己域"和"群域"的界限不是凝固不变的。如在电影《泰坦尼克号》中，生存权这个最基本的私人权也被当作公域问题处理了。再如，公民的生育权是私域问题，但在中国严峻的人口形势下，计划生育这种"不是最好的却也不是最坏"的选择是符合群体和国家发展利益的。此时，"私欲的无限性与人们在公域中为自己的根本利益而对私域设限，两者并不构成矛盾"。

其三，集体与个体之关联。首先应区分"虚假的集体"和"真实的集体","在真实的集体的条件下,各个个人在自己的联合中并通过这种联合获得自由"。"真实的集体"既是各个自由劳动者的联合,每个个人又通过这种联合而获得自由。在社会主义条件下,集体原则是促进社会公正的精神动因,是实现人的价值的道义保证,是促进人的自由全面发展的现实途径,也是人民当家作主、享有广泛民主的可靠的政治保障。因为集体原则一是从实践出发去理解人和理解社会,即从"现实的个人"出发理解社会;二是在辩证思维的方法论上科学地解决人的个性与社会性的关系,人的活动愈具有社会性,人就愈具有独立性,人"不仅是一种合群的动物,而且只有在社会中才能是独立的动物";三是正确地处理个体与整体的关系,即个体的充分发展只有在集体中才能实现,而集体的生存和发展也是通过每一个个体而存在和发展的。同时集体原则赋予"个人"以自由性。"建立在个人全面发展和他们共同的社会能力成为他们的社会财富这一基础上的自由个性"是人类社会发展的第三阶段；只有在以人的全面发展为基础的自由个性阶段，人才"作为一个完整的人，占有自己的全面本质"。这时，"每个人的自由发展是一切人自由发展的条件"。当我们认识集体与个体关系的时候，我们既要着眼于个体，又要摒弃现代激进的个人主义，消除人我之间的对立，建立一种整体、平等的人与人的关系。很显然，在群己和谐中，个体主义的限度是必要的，一些后现代主义思想者也认识到"个人主义已成为现代社会中各种问题的根源"。

综上所述，一个和谐的社会是一个自由而有度、富有创造性的社会，是一个社会成员之间发生冲突越来越少的社会，是一个"群域"和"己域"互相尊重的社会。社会的发展必须以人为本，协调好社会整体利益与个人利益的关系，营造良好的社会氛围、和谐相处的人际环境及"和而不同"的社会秩序，激发整个社会的活力。我们相信，一个群己和谐的社会必定是一个蒸蒸日上的社会。

4. 民族之和，促进邦国振兴。当今世界是一个多民族的世界，大约有两千多个民族共同生活在我们这个星球上；民族问题涉及政治、经济、文化以及国际关系等社会生活的方方面面，既有横的联系，又有纵的联系，纵横交错、相互渗透；解决民族问题是一个长期的历史过程。强制同化——包括暴力或行政手段，不可能使一个民族消亡，只能使民族问题更尖锐；通过人为地搞跨越，完成民族融合的过程，同样违背规律，不可能解决好民族问题；要让各民族有充分的发展，才能有自觉的融合，在此基础上才有自然的消亡。而这些问题恰恰是"和文化"的最高原则的体现，我们在强调人类共同发展的同时，又尊重族裔之间的不同，"和而不同"就是解决民族问题的无上法宝。它在不平衡的社会发展进程中不断寻求新的平衡，从而造福于各族人民。

我们所面对的这个世界，是一个多民族、多极化的世界。全世界有两千多个民族、近两百个国家，除极少数国家外，基本上每个国家都是多民族的国家，很难说哪个国家没有民族问题。民族问题在世界范围内具有普遍性。从世界范围来看，当今世界民族问题按地区划分，大体有以下几种类型：第一种类型是苏联和东欧一些国家发生民族分裂，国家解体。苏联是在 1922 年 12 月 30 日建立的，当时由俄罗斯联邦、南高加索联邦、乌克兰及白俄罗斯这四个苏维埃民主共和国组成。这四个加盟共和国基本上是以一个主体民族的名称来命名的。从 1924 年到 1940 年，苏联发展成 16 个加盟共和国。

从 20 世纪 50 年代中期到 1991 年苏联解体前，苏联变成有 15 个加盟共和国，它们共同组成了苏维埃联盟。苏联存在了将近 70 年后，在戈尔巴乔夫执政时期出现了国家的解体，又回到了 15 个加盟共和国上去。苏联为什么会解体，民族问题没有处理好是一个重要的原因。其他东欧国家，比如南斯拉夫，由原来统一的南联盟被分解为五个国家。后来，波黑塞尔维亚人、穆族人和克罗地亚人又经历了数年战争，造成几十万人丧生和几百万人沦为难民的恶果。特别是在 1999 年的科索沃地区，阿尔巴尼亚族人与塞尔维亚族人的民族冲突和仇恨达到了史无前例的程度，极少数民族极端主义分子在国外势力的支持下，组成阿族解放军，与南政府对抗，最后导致科索沃各族人民深受战争的苦难。

第二种类型是非洲国家的民族冲突。非洲的弱小国家基本上都有殖民主义统治的背景，历史上是西方国家的殖民地，饱受奴役。虽然殖民主义统治结束后，原来的殖民地人民获得了民族独立和民族解放，但殖民统治所留下的隐患和祸根没有被根除。殖民统治种下的民族仇恨的种子使一些民族和部族的冲突不断发生，这比较突出地表现在卢旺达的胡图族与图西族之间的相互冲突和仇杀上。20 世纪 90 年代在卢旺达发生的民族仇杀流血事件中，部族冲突造成的死亡人数以百万计。非洲国家频繁的部族及民族冲突，也造成了严重的难民问题。根据联合国难民署的统计，在 20 世纪的最后十年，全世界的难民增加了 700 多万，由 1990 年的 1500 多万增加到 2000 年的约 2300 万，相当于一个中等国家的人口。在 2300 万难民中，非洲有 1180 万：其中卢旺达难民有 200 万人逃到其他国家，还有 200 万人流离失所；布隆迪这个小国家有 80 多万人沦为难民，100 多万人流离失所；莫桑比克有 290

万人流离失所，100多万人逃到其他国家。这就是民族冲突和部族仇杀所带来的悲剧，这与人类历史文明的发展是很不相称的。

第三种类型是中东地区的阿以民族冲突。中东问题主要是信仰伊斯兰教的阿拉伯民族与信仰犹太教的以色列人之间的冲突和矛盾，这些矛盾冲突现在还远远没有结束。这两大民族的矛盾冲突，主要是围绕水资源、土地、移民问题和巴勒斯坦建国问题及耶路撒冷的地位问题。据2000年的统计数据，以色列有600多万人口，其中近500万是犹太人，100万左右是阿拉伯人。第二次世界大战中，纳粹德国曾经想全力消灭犹太民族，后来，犹太人不但没有被消灭，反而越来越多。在美国的犹太人比在以色列本土的还要多，许多人在美国上流社会和一些重要部门发挥作用。

第四种类型是国家实行民族歧视和种族歧视政

策。西方国家在处理民族问题方面走过了一条曲折的道路，基本上是"三步曲"：

第一步，实行血腥的民族屠杀政策，这主要是在资本主义早期发展阶段。早期资本主义国家实行的"圈地运动"，像过去对待殖民地的土著民族一样，将土著民族赶走甚至杀光。但是，这种屠杀政策，一是引起国际社会的反对；二是激化了民族矛盾。民族是杀不绝的，与其激化矛盾，不如缓和矛盾。

第二步，采取保留地政策。在资本主义掌握政权以后，为了缓和社会矛盾，政府给土著民族划出一块地方来，允许他们发展生产，甚至给予一定的帮助；但不让他们接触别的民族，把他们封闭起来，到头来这些土著民族只能自生自灭。这实际上是一种民族歧视政策。

第三步，采取多元文化政策。随着时代的发展和土著民族的觉醒，西方国家开始调整一些政策。如加拿大等国为了维护自己的统治和国际形象，也在调整自己的民族政策以缓和民族矛盾，现在基本上实行的是一种比较流行的所谓多元文化政策。这个政策比原来是有较大进步的，比较符合现在多元的世界、多元的社会和多元化的民族的需要，是处理民族关系的一种新的模式。

此外，还有印度、斯里兰卡、印度尼西亚、土耳其等国家的民族矛盾和冲突也比较尖锐。但这些矛盾和冲突基本上是局部地区的，对整个世界的和平与发展没有构成重大影响，所以没有包括在以上四种类型中。

这四种基本类型，基本上概括了当前世界上发生的民族问题。当代世界民族问题及其产生的原因，归纳起来主要有五个方面：

第一，殖民主义统治者实行的殖民主义统治所遗留下来的历史积怨和问题，是当代世界民族问题产生的历史根源；

第二，冷战的结束为过去争夺世界霸权所掩盖的民族问题的爆发提供了机遇；

第三，各国在制定和实施民族政策方面存在的问题与失误，是导致民族问题的现实内在原因；

第四，霸权主义和强权政治是当代世界民族问题产生的国际政治根源；

第五，在经济全球化背景下，发达国家和发展中国家之间及发展中国家内部之间的矛盾，是当代世界民族问题产生的国际经济根源。

世界人民是要和平要发展的，世界各国及各民族之间的联系将更趋紧密，相互依赖将逐步加深。各民族必须以平等与宽容的态度去理解其他民族的信仰和文化，以自尊、自信、自强的态度去参与所在国家的发展历程。因此，世界民族问题的未来发展，只能在现实国际基本原则的前提下走"和而不同"的平稳发展道路。

5. 宗教之和，弘扬世界安宁。宗教是人类社会发展到一定历史阶段出现的一种文化现象，属于社会意识形态。其主要特点为，相信现实世界之外存在着超自然的神秘力量或实体，该神秘力量或实体统摄万物而拥有绝对权威，能主宰自然进化并决定人世命运，从而使人对该神秘力量或实体产生敬畏及崇拜，并从而引申出信仰认知及仪式活动。

在人类早期的一些社会形态中，宗教承担了对世界的解释、司法审判、道德培养和心理安慰等功能。在现代社会中，科学和司法已经从有些宗教中分离出来，但是道德培养和心理安慰的功能还继续存在。宗教所构成的信仰体系和社会群体是人类思想文化和社会形态的一个重要组成部分。

历史是有继承性的。人类的历史是文化的历

史，民族的历史也是文化的历史，而文化历史的渊源皆可以上溯到古老的宗教文化。所以，宗教文化无疑也应该成为今天我们构建和谐的重要资源。宗教是一种文化现象，但它是一种表现精神信仰的文化现象。整个世界与社会的不和谐，经济利益与资源占有率的驱动和争夺，固然是深层次的原因；但是，不同宗教信仰的理念与其所传承的文明之间的冲突，也是一个不能不正视的主因。因为宗教信仰有独一性和地域性的特点，同时也时有排他性的情况发生。

整个世界和整个社会，由多种信仰不同宗教的民族和宗教徒组成不同的群体。他们在同一宗教信仰的旗帜下，长期保持自己的独立信仰，生活在不同的地区与各个社区，形成了当代社会的宗教所具有的跨国家、跨社区的大集中、小分散的情况。又由于历史文明传承的不同和宗教信仰的地域性与排他性特点，信仰不同宗教的民族与群体往往会发生各种思想上的交锋与行动上的冲突。

近一个多世纪以来，不同宗教的冲突与不同民族或部族之间的械斗始终困扰着一些国家，严重地阻碍了这些国家的社会经济发展。和谐社会的特点是整个世界要充满和平友好的气氛，信仰不同宗教的民族群体，皆应处在相互尊敬、互相理解、平等和睦、没有纷争的境况之中。各个国家与各个社区应建立在平等有序的制度之下，传统民族文化和宗教信仰应在这里得到充分的举扬，人人过着心情舒畅的生活。

就此而言，要建立"和世界"与"和社会"，宗教应该发挥保障信仰者内心和谐、消弭贪欲及化解戾气的效能；各宗教特别要从自己做起，变排他性的生存竞争为包容性的和平共处，达到宗教内部和宗教之间的和谐。有了宗教和谐、民族和谐，整个世界和整个社会才能和谐起来，和谐世界与和谐社会的目标也才能真正实现。人类为了克服自身的局限性而创造了宗教，作为人创造和操纵的事物，具体的宗教也难免有其局限性。追求宗教和谐，是发挥宗教在促进社会和谐方面积极作用的条件和内容，也是宗教尝试突破其历史局限的机遇。宗教对人类进行道德培养和心理安慰这一内涵，构成了宗教的一个共性，这就是"和"所求的"同"，但是各宗教之间又有不同的形式，这也就是"和而不同"。

6. 国家之和，构架世界和平。国与国之间要做到互相尊重主权和领土完整，互不侵犯，互不干涉内政，平等互利，政治上应相互尊重，共同协商，而不应把自己的意志强加于人；经济上应相互促进，共同发展，而不应造成贫富悬殊；文化上应互相借鉴，共同繁荣，而不应排斥其他民族的文化；

安全上应相互信任，树立互信、互利、平等和协作的新安全观，通过对话和合作解决争端，真正构架世界的和平，而不应诉诸武力或以武力相威胁。把握好国家与国家的关系是建立在深入研究民族与国家关系基础之上的。

民族与国家都是人类社会发展到一定阶段的历史现象，同属于历史范畴。二者之间既有相同之处，又有着很大区别。民族与国家是一对相伴而生又相互依存、互动发展的孪生体。二者之关系极为密切又错综复杂，既互相促进又互相影响。正确认识民族与国家的异同及其相互关系，妥善处理民族与国家的利益与诉求，将有利于多民族国家的和谐、稳定、统一和发展。

（1）民族与国家的异同。民族与国家都是人类社会发展到一定阶段的历史现象，同属于历史范畴。民族是在人类历史上形成的具有四个基本特征的稳定的人类群体共同体。国家则是阶级矛盾不可调和的产物和表现，是维护一个阶级对另一个阶级的统治的机器，是经济上占统治地位的阶级进行阶级统治和管理全社会公共事务的机关。民族与国家之间有着天然的、极为密切的联系。在西方一些国家，民族与国家的概念在很多时候可以通用。在英语中，可以译为中文"国家"的词有三个，即 nation、state 和 country。这三个词虽然都指国家，但侧重点不同。nation 是指由人组成的国家；state 主要是从政府的角度指国家；而 country 则主要是指地域意义上的国家。在这里 nation 所指的人，就是形成民族的共同体。所以，英语中的 nation 既有"民族"的含义，也有"国家"的含义。联合国（The United Nations）也是以 nation 来表示国家。从这个词义上看，民族与国家指的是一回事，即是指民族构成国家，而国家由民族构成。这一点，不

仅单一民族国家如此，多民族国家亦如此。民族与
国家的相同之处远不止于此。民族和国家都是人类
群体共同体，都形成于原始社会崩溃和阶级社会确
立的时期，而且都是以共同地域为基础成长和发展
的。在单一民族国家里，民族的基本特征与国家的
某些方面的特点基本上是一致的。如民族语言，同
时也是国家语言；民族共同地域，同时也是国家的
版图范围；民族的经济生活就是国家的经济生活；
民族的心理素质也就是国民的心理素质。因为在单
一民族国家里，民族成员与国民、民族地域和国
土，一般说来是重合的。说某一民族也即指某一国
家，说某一国家也指某一民族，也许正因为如此，
英语中的 nation 才既指国家又指民族。

　　然而，民族与国家在形成和发展过程中又有着
很大的区别。

　　第一，民族与国家虽然都是人类群体共同体，

但各自形成的基本要素不尽相同。一般而言，民族的形成要具备四个基本特征或基本要素，即共同的地域、共同的语言、共同的经济生活和共同文化基础上的共同心理素质。而构成国家的基本要素则是：

人口，即生活在特定国度和特定地区的一定数目的定居居民，亦即民族。这是构成国家的第一个基本要素，是国家一切活动的基础和基本出发点。

领土，即居民的生息之地，也就是民族的共同地域。在多民族国家，领土指各民族共同地域之总和，是国家行使权力的空间，是一个国家赖以生存的物质基础。

主权，即国家处理其国内外事务的统一而不可分割的最高权力，是国家的根本属性。

政府，即国家的最高行政机关，是国家机构中最重要的部分，也是国家实现其统治、专政的最重要的工具。当然,除了这些基本要素之外,国家作为阶级社会的产物,它必定是建立在一定的社会经济基础和阶级关系之上的。

第二,民族与国家同为社会政治实体,但二者的侧重点各不相同。民族凸显的是构成政治单位的人的群体,而国家凸显的则是政治机制。民族以经济、文化(包括心理素质)、语言、地域等因素把人们联结在一起,有其自身的利益原则和价值取向。国家则是阶级统治的工具,有着一整套统治机构和明确的治下疆域与治下国民。国家以政治方面的原因,即政治利益的一致性为主要力量把人们联系起来。国家主要依靠其政治机制来调整各阶级、集团、民族之间的利益关系,以维护其统治的稳固与秩序。从这两个实体来看,国家的政治色彩更浓些,而民族则是文化色彩更重。

第三,民族与国家的稳定性不同。民族一经形成，就具有相对稳定性，它不会随着政治的动乱或国界的改变而立即发生变化。国家则会由于政治的动乱、国界的改变、民族的冲突或外来的侵略等情况立即发生变化。如苏联，由于国内历史、民族、政治及经济等种种矛盾的激化，一个立国70多年的国家顷刻之间大厦倾倒，分裂为众多新的民族国家。但其原有的各民族——虽然有一个民族分属于几个国家的情况，作为民族共同体却没有改变。

第四，民族与国家都是以地域来划分的，但二者也有区别。一个民族的共同地域，是该民族赖以生存和发展的物质基础，是民族形成的重要条件之一。但在多民族的国家内部，民族地域只是整个国家版图的一部分。而且，民族一经形成，共同地域便不是民族必不可少的特征之一。随着民族的迁移、各民族交往的加强，各民族混居杂处的现象会越来越多。如中国现在的民族分布特点就是"大杂居、小聚居"。但国家对其确定的领土则享有绝对的主权，不能允许其他任何国家与之分享。

第五，共同语言是民族的特征之一，也是民族形成的重要因素之一，而国家则不一定要有一种共同的语言。如在瑞士，德、法、意三种语言都是官方语言。在多民族的国家里，虽然有一种或几种语言为代表国家（官方）的通用语言，但也仍有其他民族语言的存在。

第六，共同的经济生活是民族形成发展的决定条件，没有共同的经济生活，民族本身不可能形成。一个民族的各个部分，如果在经济上长期互相隔绝，就会使这个民族的各个部分发生不同的变化或者为其他民族所同化，或者像移居北美的英格兰人那样，形成新的民族。而国家在经济生活上则因各个民族的不同以及自然地理和气候特征等因素，而呈现出多种多样、多姿多彩的经济特点。

第七，共同的心理素质是民族形成的必不可少的精神因素。一个民族之所以有别于其他民族，不仅在于它们的物质生活条件不同，而且还表现在各自民族文化特点上的精神形态的不同。当然，民族共同心理素质也不是一成不变的，它是本民族物质生活条件的反映，也将随着民族生活条件的改变而变化。但是精神文化的相对独立性，又使得一个民族的共同心理素质具有自己的发展轨迹，有着较强的继承性和稳定性。它是维系一个民族存在的牢固纽带，给民族的生存和发展注入活跃而持久的生命力，因而成为民族诸特征中最持久、最顽强的组成部分。而在多民族国家，由于民族的不同，其文化也必然呈现出多元性，表现于各种文化特点上的民族心理素质也必然是纷繁复杂的，甚至差别很大。

(2) 民族与国家的关系。民族与国家是一对相伴而生又相互依存、互动发展的孪生体。国家在民族形成的过程中起了推动作用，民族则是构成国家存在和发展的重要基础。二者之关系极为密切又错综复杂，既互相促进又互相影响。

·**民族是国家结构形式确立的重要因素之一：**国家结构形式，是指国家中央政权机关和地方政权机关之间、国家整体和部分之间的相互关系的性质和方式，也称国家体制。国家结构形式根据中央与地方的不同关系，主要分为单一制国家和复合制国家两种形式。复合制国家又包括联邦和邦联两种形式。无论是单一制国家，还是复合制国家，在其构成与发展中都与民族有直接的关系。因为每一个国家的人口在一定的社会发展阶段都属于一定的民族，民族的成员同时也是国家的成员。因此，民族对于国家来说，是其生存与发展的基础。尤其是在近现代，多民族国家中的民族及其相互关系，是决定国家政治制度、结构形式、政治稳定程度及国家统一或分裂的重要因素。单一民族的国家，一般都建立单一制国家。而多民族的国家，往往由于民族因素而建立联邦制国家。如法国、意大利、日本、挪威和瑞典等都是单一制的国家，而美国、德国、瑞士、加拿大、澳大利亚及巴西等则实行联邦制。这些国家的联邦制的建立和发展也各不相同。

中国是一个多民族的国家，但却没有采取联邦制而采取单一制的国家结构形式，这也是民族特点、历史传统和社会制度的特点所决定的。中国是以汉族为主体的各民族杂居的国家，汉族占全国总人口的94%左右。各民族的政治、经济、文化发展不平衡，实行统一的单一制形式，有利于集中优势，加快边疆地区、民族地区的发展。在资源、人才、管理经验和经济发展水平上，可以更好地取长补短，共同发展，共同繁荣。在采取单一制的同时，国家也充分考虑到各民族的特点，在各少数民族聚居区域内，建立相应的自治机关，实行民族区域自治。这样，既保证了国家的团结统一，又较好地解决了民族问题。

·民族与国家的相互依存、互动发展关系：民族与国家，相伴而生，相互依存。尤其是进入近现代，国家成为民族赖以生存和发展的重要政治载体。没有依附于国家形态的民族越来越少，而且处于这种情况下的民族，要么命运悲惨（如库尔德人），要么将自然而然地、悄无声息地逐渐消失在世界民族的汪洋大海之中（如吉普赛人）。民族的命运与国家的命运也是息息相关的，国家强则民族兴，国家弱则民族衰。因而，国家在促进民族发展方面所起的作用是非常重要的，也是任何其他社会力量所无法替代的。其作用与功能，主要可以从三个方面来体现：

　　首先，国家能提供有利于民族发展的良好的外部环境。国家通过其外交政策的制定、调整及实施，建立良好的国际关系，从而为民族的发展提供一个相对和平、稳定的国际环境。这既有利于各民族在和平、安定的环境中从事生产和生活，又有利于各民族的国际交往、合作及开拓国际市场等。国家也为民族发展提供良好的国内环境。主要包括：一是良好的政治环境，即为国家宪法、专门法、中央政府或各级民族自治地方所属的地方政府的方针、政策、措施等政治活动所创造的政治环境。二是良好的民族关系。民族关系是社会交往关系中涉及民族性内容的社会关系，在民族的生存和发展中，在政治、经济、文化、教育、生活方式、宗教信仰等社会生活的各个方面，都经常遇到来自民族之间的关系问题。协调这种关系，就需要凌驾于社会之上的国家，通过法律的、行政的、教育的或强制的手段来进行。民族关系协调得好，不仅能促进民族的发展，也能促进国家的稳定与发展。三是国家为民族发展提供机会。在民族发展的基本内容中，社会经济发展是其他方面发展的前提和基础。虽然不能否定政治、文化教育对民族发展的重要作用，但是归根结底，民族的发展是取决于社会经济发展的。

其次，国家能够调整促进民族发展的内部机制。国家在这方面的功能主要体现在对民族内部结构的合理、优化所起的协调与促进作用上。民族结构一般包括经济结构、政治结构、文化结构、意识结构、人口结构和家庭结构。民族内部结构各组成部分之间符合比例的、协调的、良性循环的关系结构，对民族的发展产生着很大的助推力。反之，民族内部结构的不合理甚至畸形，则会产生很大的阻碍力，减弱本来就不很强的助推力，因而使民族的发展出现缓慢甚至停滞的状态。国家在促进民族自身发展方面的重要作用，就是协调民族结构，使之趋向合理及优化。比如，当民族的教育结构与经济结构不相适应时，不仅其教育发展会受到阻碍，而且还会影响到民族经济的发展；经济不发展，不能给教育更多的投入，教育落后也不能改观。这就需要国家在这方面通过政策干预和资金投入，促进民族教育事业发展，逐步适应并促进经济的发展。

最后，国家对提高民族素质有着重要的作用。各个民族的民族素质，由于其历史发展不同、发育程度不同而各有差异。民族素质是衡量一个民族发展程度的综合指标。国家在提高民族素质、促进民族发展方面起着重要的作用。原有民族素质状况的改变、民族素质的提高，也就使民族发展获得了新的条件、新的起点、新的速度。

总之，国家为民族发展所提供的各种条件、政策与措施等，对民族发展都是至关重要的、必不可少的。而在国家的大力扶持和帮助下，民族政治、经济、文化、人口素质及社会生活各个方面的提高和发展，各民族之间关系的协调、融洽，以及民族团结的不断加强，又都反过来极大地促进国家各项事业的发展、综合国力的增强以及国家的统一和昌盛。所以说，民族与国家是互相依存、互相促进、共同发展的。正确认识民族与国家的异同及其相互关系，妥善处理民族与国家的利益与诉求，将有利于多民族国家的和谐、稳定、统一和发展。

综上所述，"和"在实践中体现为：人性和善、家庭和睦、矛盾和解、社会和谐、世界和平、未来和美；万物并育而互不相害，人类在漫长的文明进程中经营自己的理想空间而互不侵犯。

三、作为世界观和方法论统一的"和"

求同存异的辩证关系。所谓求同，就是在人类认识世界和改造世界的过程中，去探索事物的共通性；所谓存异，就是在认识世界和改造世界的过程中去研究事物的差异性。在纷繁复杂的大千世界中，把握事物的共通性，同时又剥离事物的差异性，逐渐实现同和异的统一性，这个统一的过程就是求"和"的过程。任何事物都具有其共通性，这是事物普遍存在的客观规律，但仅仅把握住事物的共通性，并不能真正把握事物的实质。只有在事物的共通性中剥离事物的差异性，寻找事物的特殊性，才能真正把握事物的实质。这一把握事物的"同"，剥离事物的"异"，就是"求同存异"的过程。人类认识世界和改造世界的过程就是这一"求同存异"的过程。这个"求同存异"的过程，既包含"求大同，存小异"，也包含"求小同，存大异"。

(1) 求大同，存小异。所谓"求大同"，何为"求"？"求"就是客观事物在发展过程中的一种探索、一种寻找、一种确定。当人们认识一个事物和解决一个事物的矛盾时，必须确定这一事物的性质及所解决的是何种问题。求大同也是认识问题和解决问题的首要前提，首先要对所解决的问题进行定性，而这个性就是求大同所求的同，所谓求大同就是在纷繁复杂的事物中寻求认识问题和解决问题的特性。只有确定了这一特性，才能把握它的共同性。比如，我们去养护一盆花，首先要求它的"大同"，"同"就是要确定它是植物还是动物；花是植物，具有植物的共同性，养一盆花时就要按照植物的特性去浇水，而不能按照饲养动物的方法去饲养。

确定植物的共同性，这就是我们解决问题的前提。因此，求大同是认识问题和解决好问题的前提。

"存小异"，所谓"存"就是保持一种区别的能力，任何两个相同的事物当中都有同和异的差别。存小异，就是要在共同性当中区别出差异，这是处理问题和解决问题的根本法则。同样是养花，不同的花都具备植物的共同性，而怎样让不同的花茁壮成长，就要研究植物种类之间的区别：向阳花喜欢阳光，而夜来香只有在夜里才能绽放。因此求大同存小异，既要寻找事物的共同性，更重要的是还要区别事物之间的差异性，只有把事物的共同性和差异性有机地统一起来，才能真正处理好事物；而能够把事物的共同性和差异性有机统一在一起的过程，就是求同存异的过程，就是"和"的过程。我们认识事物、解决问题是这样的道理，对待其他事物也是一样。例如，解决现代国际社会面临的各种问题，同样也是求大同存小异的过程。

政治问题：包括核扩散问题、局部战争问题、反恐怖主义问题、贫穷国家问题及民族矛盾问题等。

经济问题：金融危机、汇率问题、国际经济关系问题、发展中国家消费需求不足问题、能源价格上涨问题、粮食安全问题和全球通胀压力增大等问题。

文化问题：美国总统奥巴马访华期间，在与上海青年对话时说："美国的优势之一就是我们有一种非常多元化的文化，我们那里有来自世界各地的人。因此，对于美国人长什么样，你确实不能一言以蔽之。比如，像在我家，我父亲来自肯尼亚，我母亲来自中西部的堪萨斯州，我妹妹是半个印度尼西亚人，她嫁了一位加拿大的华人。因此当你看到，我们奥巴马全家聚会的时候，我们就像联合国一样，什么人都有。而这就是我们美国的力量所在，因为它意味着我们从不同的文化、从不同的饮食、从不同的想法中相互学习，这使得我们的社会变得更加富有活力。同时每个国家，在你中有我、我中有你的世界中，每个国家都有着自己的历史传统和文化。因此我认为对于美国来讲，重要的一点就是不能推断说，我们有好的做法都适用于别人，都对别人有好处。实际上，在这方面，我们要虚心一点才行，对别的国家的态度要虚心一点才行。"

自然生态问题：到目前为止，已经威胁人类生存并已被人类认识到的环境问题主要有全球气候变暖、臭氧层破坏、酸雨、淡水资源危机、能源短缺、森林资源锐减、土地荒漠化、物种加速灭绝、垃圾成灾及有毒化学品污染等。2010 年世博会伦敦展馆被称为"零碳馆"，主要倡导人们进行"低碳生活"（low—carbon life），就是指生活作息时所耗用的能量要尽力减少，从而减少二氧化碳的排放量。低碳生活，对于我们普通人来说是一种态度，而不是能力，我们应该积极提倡并实践低碳生活，注意节电、节油和节气，从点滴做起。除了种树，还有人买运输里程很短的商品，有人坚持爬楼梯，形形色色，有的很有趣，有的不免有些麻烦。但关心全球气候变暖的人们却把减少二氧化碳排放的做法实实在在地带入了生活中。

　　世界的和平与发展问题：和平与发展是当今时代的主题。和平问题讲的就是政治问题，经济问题讲的就是发展问题，所以和平与发展之间的关系可以表现为：和平是发展的前提和基础。只有在和平的国际环境中，世界各国才能保持正常的经济交往和顺利实现本国的发展计划。战后世界经济的发展就是得益于世界相对和平的国际环境。战乱和冲突则是经济发展的重大障碍。战乱不仅使参战国消耗大量的人力、物力及财力，造成严重的经济损失，而且导致交通运输瘫痪，国际贸易中断，给世界经济的发展造成严重的影响。发展经济是维护世界和平的有力保障，和平事业需要一定的物质基础，而经济贸易往来则能增进各国人民的友好往来。具体地说，世界经济的发展促进了国际分工，增进了各国间的交流和联合，有可能抑制世界战争的爆发；经济的发展有助于消除世界的不稳定因素，减少发生军事冲突的可能性；世界经济特别是发展中国家经济的发展有利于世界和平力量的壮大。可见，和平与发展是互为条件、相互联系、相互影响的。

（2）**求小同，存大异**。"求小同"是从矛盾的特殊性入手，去发现矛盾发展的普遍性和共同性。善于发现矛盾的特殊性，并在特殊性中寻找事物之间的共同点，具体问题具体分析，是解决矛盾问题的法宝和精髓。所谓"窥一斑而知全豹"便是这个道理。从社会学角度，从人的行为道德以及人与人之间的关系的角度来讲，我们应该尽量去发现他人的优点，从他人的优点入手去处理人与人之间的关系，那么人与人之间的关系就变得更加和谐。

（3）"和风化宇"实现人类美好的未来。"和"是宇宙的核心规律，从这个意义上说，"和风化宇"是人类在改造客观世界和主观世界的过程中所取得的精神成果的总和，是人类智慧与道德可能达到的进步状态。"和风化宇"的行为形式主要表现在两个方面：一是科学文化方面，包括社会的文化、知识和智慧的状况，以及教育、科学、文化、艺术、卫生和体育等事业的发展规模和发展水平；二是思想道德方面，包括社会的政治思想、道德面貌、社会风尚和人们的世界观、理想、情操、觉悟、信念以及组织性、纪律性等方面。

"和风化宇"在实践中就是要解决如下问题：人性和善、家庭和睦、矛盾和解、社会和谐、世界和平、未来和美。通过这六方面问题的解决，人类就可以走向理想的未来。

人性和善：人性就是在一定社会制度和一定历史条件下形成的人的本性。人性，顾名思义指只有人才具备的特性，即该特性可以用于区别于其他事物（包括动物、植物）而为人所独有的特性。例如能够利用言语、文字、音乐或其他工具彼此交流，能够独立思考、感悟，能够有所创造，能够彼此团结协作，能够近忧远虑，能够认识客观世界并有能力改造客观事物等一些只有人才具有的特性。这些特性是其他动物、植物所不具备的。如果一种特性是人和动物所共有的，则那些特性不能算是人性，只能算是动物性。例如繁衍、觅食、恐惧、趋利避害等，也就是说，如果一种特性不是人类独有的，则那种特性就不是人性。人来源于动物，所以人性是以动物性为基础的，但比起动物性，人性是人所独有的更高一个级别的特性。人性和善，即人性温和而善良。

家庭和睦：指家庭成员之间相互尊重、相互信任、相互沟通、相处融洽、和气友好。

家庭是一群由血缘和婚姻纽带连接起来的人。这些人生活在一个屋顶下，共同开支预算。当然这仅仅意味着理论上的概念，在现实生活中，家庭生活是与周围活跃的社会生活互相联系的，它要受当时经济、政治、文化及人们的心理、信仰等变化的影响。无论在世人看来是多么独立的家庭，它实际上多多少少都要反映出全部重要的社会现象；而反过来，所谓的"大世界"即社会生活也必然要蕴含家庭中人际关系所具有的特征，例如夫妻关系、父子关系等。

家庭和睦是人人追求的。家庭和睦的基础是一家人合理的分工协作、各人尽自己的责任与义务、互相尊重、互相信任和体谅等。只有正确的共识，才能产生健康的和睦。

矛盾和解：矛盾在辩证法上指客观事物和人类思维内部各个对立面之间的互相依赖而又互相排斥的关系；形式逻辑中指两个概念互相排斥或两个判断不能同时是真也不能同时是假的关系，泛指对立的事物互相排斥。和解指平息纷争，重归于好。比如在法律上，和解指当事人约定互相让步，不经法院以终止争执或防止争执发生。它代表宽和、宽容、平息纷争的精神。孙子曰："是故百战百胜，非善之善者也；不战而屈人之兵，善之善者也。"意思是打百次仗胜百次，不算高明中的最高明者；而不发动干戈，而又能降服敌人者，才是高明中的最高明者。

社会和谐：人类孜孜以求的一种美好社会的状态。中外历史上都产生过不少有关社会和谐的思想。和谐社会，应该是民主法治、公平正义、诚信友爱、充满活力、安定有序及人与自然和谐相处的社会。

民主法治，就是民主得到充分发扬，依法治国基本方略得到切实落实，各方面积极因素得到广泛调动；公平正义，就是社会各方面的利益关系得到妥善协调，人民内部矛盾和其他社会矛盾得到正确处理，社会公平和正义得到切实维护和实现；诚信友爱，就是全社会互帮互助、诚实守信，全体人民平等友爱、融洽相处；充满活力，就是能够使一切有利于社会进步的创造愿望得到尊重，创造活动得到支持，创造才能得到发挥，创造成果得到肯定；安定有序，就是社会组织机制健全，社会管理完善，社会秩序良好，人民群众安居乐业，社会保持安定团结；人与自然和谐相处，就是生产发展，生活富裕，生态良好。

以上这些基本特征是相互联系、相互作用的。构建和谐社会，要以人为本，在经济发展的基础上不断满足人民群众日益增长的物质文化需要，促进人的全面发展；要尊重人民群众的创造精神，调动一切积极因素，激发全社会的创造活力；要注重社会公平，正确反映和兼顾不同方面群众的利益，正确处理人民内部矛盾和其他社会矛盾，妥善协调各方面的利益关系。社会和谐不是无差别的和谐。构建和谐社会既是目标又是过程，需要经过长期奋斗、不懈努力才能逐步实现。

世界和平：世界的持久和平是会有的。虽然现在世界发展的趋势是世界和平，但是在一些地方还是存在战争，原因多为民族矛盾和政治纷争，比如中东地区的以色列和巴勒斯坦。如果能顺利地解决民族间的矛盾，达成政治观点上的一致，避免出现武力解决问题的现象，世界持久和平就不远了。要实现世界持久和平，首先，要加强世界民族间的交流与融合，增进民族间的感情，缩小文化差异，达成宗教信仰上的理解，用和平的方式处理已出现的矛盾；然后，运用合理的外交手段达成政治观点的一致，求同存异，避免出现武力解决问题的现象。世界的持久和平会随着人类社会的发展一步步地实现。

未来和美：未来和谐而美好。人类的发展决定着社会的发展，社会的发展又直接影响着人类的发展。只有高度发展、高度文明的社会才能使每一个人得到最充分最全面的发展，也只有全面发展了的人才能更好地推动社会的发展，未来才更和美。一棵树不能改变气候，但森林可以改变气候。一个人不能改变社会，但全体社会成员的共同努力则可以改变社会。我们现在要构建和谐社会，就需要全体社会成员的共同努力。只有从高层到基层，从社会团体到每一个人，都有切实的举措，和谐社会才会成为现实。涓涓细流汇成江河，社会各个部分努力的结果，就会成为社会整体的发展。

每一个人的努力，每一个人的发展，可以促进社会的发展。反过来说，社会的发展又为每个人的发展创造条件。经济发展了，每个人都可以接受优质教育，每个人的才能都可以得到充分的发挥，每个人的事业都可以得到最全面的发展。只有社会发展了，人才能得到更好的未来。人的和谐，就是冷静与热情同在，就是刚柔相济、德威并存，就是身心俱健、活力四射。社会的和谐，就是全体社会成员共同进步，就是各地区、各领域的共同发展，就是每一项事业的可持续发展。人的发展与社会的发展是相互制约、相互促进的。构建和谐社会

就是为每一个人的发展创造最有利的条件，同时
每一个社会成员的努力、每一个人充分而全面的
发展，也都为和谐社会的构建作出贡献。人的发
展与社会的发展是如此，人的和谐与社会的和谐
也是如此。一个社会要和谐，一个国家、一个地
区、一个人也要和谐。小和谐构成大和谐，大和
谐促进小和谐，和谐是人与社会共同发展的目标，
和谐才能更好地发展。和谐就是矛盾的统一，和
谐就是平衡，和谐才具有亲和力，和谐才有活力，
和谐才能可持续发展。全体社会成员共同努力，
不断消除那些不和谐的因素，创造和谐的一切，
那么和谐社会就会如期而至。和谐是人对自身与
社会及自然的进一步认识。沟通也是和谐的一个
组成部分，只要人们在相互沟通的过程中"求大
同存小异"，"求小同存大异"，人类的美好未来就
一定会实现。

四、"和文化"的概念与特点

"和文化"就是以和谐为思想内涵、以文化为表现方式的一种文化，它融思想观念、理想信仰、社会风尚、行为规范和价值取向为一体，包含着对和谐世界的总体认识和评价，是社会发展和文化建设的有机结合。和谐文化的精神内涵带有鲜明的历史性与传统性，是民族性与世界性以及传统性与现代性的结合。

"和文化"是人类在漫长的文明进程中，以和谐、仁爱为本质内涵的理想社会蓝图。"和文化"的元素萌芽于人类文明的初始，植根于古老的东方哲学与西方的宗教，其体系构建于现代文明阶段。"人之初，性本善"。人类幼年时期所形成的各种文化，包括东方的儒学、道教、佛教、伊斯兰教，西方的天主教、基督教等。这些佛经道哲，无论是圣人之说、贤人之见，还是天主、神佛之论，都是引导人们向着真善美的，这是人类的共性所决定的，也是各民族文化相互对话、相互吸收以至相互融合的基础。如果人类没有共性的文明基因，各族文化没有共性的文明理性，人类就无法对话，无法相互吸收，无法融合——文化就不会发展，社会就不会进步，人类也就不会有现代文明。"和文化"承载了世界各民族文化的文明基因，从这个意义上，它可算是人类社会的共通文化。"和文化"的最大目标在于揭示宇宙和谐，只有人类实现自身和宇宙的和谐，个体、国家和整个人类世界才能和谐共存。

"和文化"的价值核心是经营自己的理想空间，不侵害他人的利益——互不强加，互不侵犯，相互尊重，相互合作，求同存异，共同发展。

"和文化"的哲学思想是遵循"和而不同"的宇宙观、世界观、人生观、价值取向及价值原则；

上有天，下有地，中有人——上求天和，下求地和，中求人和。总而言之，天人合一、天人一体、天人和谐、善待有生命和无生命的天地万物，与天地万物融为一体，人和天地万物互尊、互爱，共生共荣。这些理所当然地成为正在不断深化的"和文化"的内容，成为"和文化"的基础。

"和文化"的指导原则就是坚持在不同中寻求共同点，在共同中尊重不同的存在。"和文化"是同与不同的"和"的共同体，即用"和文化"同构不同的文化底色，同时在这统一的底色上，保持不同肤色、不同信仰、不同组织、不同团体、不同民族、不同国家的文化特色。

"和文化"的人文理念是"平等、友好、博爱"。"和文化"是以人及万物为独立个体，使之平等地存在于宇宙空间，尊崇与天和、与地和、与人和、与万物和谐共生共荣的理念。

"和文化"作为人类文明世代传承的共通文化，极大地促进了民族间和睦相处、社会和谐发展，推动世界向着自由、平等、安定、祥和的大同理想稳步前进。

五、"和文化"的成功实践

郑和是人类历史上伟大的航海家，世界文明交流的先行者。在1405—1433年的28年间，郑和率领船队七下西洋，打通并拓展了中国与亚非30多个国家和地区的海上交通，为世界航海事业的发展和各国人民的交流作出了不可磨灭的贡献。

郑和七下西洋，最多时率船200多艘，人员达27000多人，主要航线达40多条，总计航程16万海里，是世界古代航海史上人数最多、行动范围最广的远洋航行活动。郑和1405年首下西洋，比哥伦布发现美洲新大陆早87年，比达·伽马绕过好

望角早 92 年，比麦哲伦环球航行早 114 年，他无
疑在人类文明史及世界航海史上写下了辉煌的
一页。

郑和在长达 28 年的下西洋期间，先后到达 30
多个国家和地区，未占别国一寸土地，未掠夺他人
一分财富，而带去了中国精美的瓷器、丝绸，也带
去了中华文明。

郑和船队以"和平使者"的形象增加了中国与
亚非各国的友谊。据不完全统计，在郑和下西洋期
间，亚非国家使节来华共 318 次，平均每年 15 次。
东南亚 4 个国家的 9 位国王 8 次来华进行访问。

我在这里之所以特别提郑和，不仅仅因为他是
著名的航海家、世界航海第一人，也不仅仅因为他
的航海规模最大、航海发现最早、航海里程最远，
最重要的是他忠实地秉承和传播了"经营自己的理
想空间，不侵害他人的利益"这一"和文化"的核

心价值理念。他热爱航海，几十年执着地经营自己
航海的理想空间，从未侵害过别人的利益。他超越
国家领土、领海主权与王权体系"文明"的羁绊，
缔造了太平洋与大西洋最早的航海文明与和谐文明
体系；他超越了权益与利害之争的国际关系"准
则"与国家领土扩张的诉求，拓展航海文明与海上
商贸文明，破解了人类经济与文化、商业与道德、
技术与政治二律背反的文明难题与逻辑难题，开启
了人类和谐共存的文明航程。我想，这才是他所到
之国、之地、之处的人们欢迎他、热爱他、敬仰
他、顶礼膜拜并至今纪念供奉他的根本原因。

关于"和文化"的几点构想

一、"和文化"与时代演进的要求

任何一种主导文化的出现，都是人类自身文明演进过程中通过文化比较而选择、接受与传承的结果，是历史的必然。当代人类社会最重要的全球性问题有两个，一个是全球经济一体化，一个是经济文化一体化。全球经济一体化表现出了经济的空间扩张和区域间相互依赖程度的增强；经济文化一体化表现出了在全球社会经济发展中，文化的定位问题和文化的使命问题。这两个问题从两个方面呼唤着"和文化"发挥作用：

一是全球化发展的历史趋势。全球化是当代人类社会生活跨越国家和地区界限，跨越空间障碍、制度障碍和文化障碍，寻求协调合作，推动一体化进程而呈现的一种全球整体性的发展趋势。它对文化产生重大影响，并提出更高的要求。人本理念的

"和文化"有望成为人们共同的政治追求和普遍价值。"和文化"的流行将促进政治、经济、文化、社会各方面的发展。正像联合国教科文组织强调的:"实现发展的动力实际上存在于文化之中。"文化是发展的摇篮,是人类文明之母。

二是科学技术的高度发达。科学技术的高度发达,特别是对太空宇宙的认知的深化,催推了人类的自醒,促进了文化主导从神、佛、真主、上帝、老天爷转向了人类自身。人类应以最坚定的意志全面致力于"和文化"的传播,使"和文化"成为人们认同、尊崇并广为传承的人文文化和人类行为法则,从而促进人人友爱、民族友好、世界友和,使人类经济社会全面发展,全面追求人与人、人与自然的高度和谐,最终实现人类文化发展的终极目标。

三是信息技术与信息社会的发展,使各国之间形成了非物质领土融合的国际环境，架构了世界文明传播的网络体系。可以说，信息技术的发展和信息社会的演化，加快了"和文化"的传播，为"和文化"成为人类的主流理念提供了时间与空间的保证。

二、当代社会"和文化"的发展与传播

人类至今的文化，从严格意义上说，是从愚昧、野蛮向文明进化的过程文化。为什么这么说呢？因为当今世界还存在暴力、恐怖、杀戮。人类文明的最高境界应该是民族无争斗、国家无疆界、地球无国家，实现自由、平等、博爱、祥和的人类大同世界。这一使命可谓任重道远，促进当代社会中"和文化"的发展与传播则是实现这个宏大理想的必由之路。

1. 用"和文化"思想纠正人类偏见。这种偏见

的内涵颇多：一是偏见的强权政治，它倡导"弱肉强食"和侵略扩张。二是偏见的独尊宗教意识，推崇偏执的唯我独尊，鼓动铲除异教。三是偏见的落后伦理习俗，坚持僵化的思想行为定势。习俗文化所形成的伦理世俗，对于社会个体来说，就是习惯，对于社会群体来说，就是风俗。偏见的习俗在一定条件下会形成强大的争斗力量，它胜过千军万马，胜过皇权、军权。偏见习俗是一种可怕的力量。这些偏见是暴力、恐怖、争斗甚至战争与杀戮的根源。我们要用"和文化"的"经营自己的理想空间，不侵害他人利益"这一核心价值理念去纠正人们的各种偏见，创立和谐友好的文化理念与民俗风情。

2. 用"和文化"思想发展人类核心价值理念。价值理念是一个民族、一个国家最重要的精神支柱，是其文化结构的核心。在一定程度上，文化的差异实质上就是价值的差异，因为价值理念的差

异，构成不同文化中最具特征的表现形态。我们应
该用"和文化"的"经营自己的理想空间，不侵犯
他人利益"去影响人类的核心价值理念。

3. 使"和文化"思想深入人类精神世界。以
"和谐至上，博爱无疆"为理念，以善邻、友好、
和睦、共荣为目标，以最坚定的意志全面致力于
"和文化"思想的传播，使"和文化"成为人们认
同、尊崇并广为传承的人文文化和人类行为法则，
以促进人人友爱、民族友好、世界友和，促进人类
经济社会的全面发展。

**4. 用"和文化"思想促进和谐共存的人类共同
体的构建。**任何一种主导文化的确立，都要建构与
其相适应的新体制。世纪之交，为了解决中心与边
缘纵向逻辑结构单极化发展的世界问题，已出现了
新型跨文化组织与"人类和共一体"的文明雏形。
这就是欧盟、非盟与东盟。这些共同体文明雏形的

产生，本来是被用来抗衡全球化的单极化发展及中心与边缘纵向传播结构的逻辑体系。但这一跨国家、跨文化的共同体一经产生，就形成了催生和平环境与和谐世界的新的文明基因与组织关系。各个国家在盟体内和平相处、和谐共存，在盟体外的国际环境中也争取到了和平发展的国际空间，推动平衡结构的和谐传播体系的形成，从而向"世界博爱无疆，人类和谐共存"的方向演化。我们应以"和文化"思想为指导，积极推进平等、博爱、和谐、共存的世界文明，建构"世界博爱无疆，人类和谐共存"的文明新体系。

三、千里之行，始于足下

为了促进"和文化"的发展和传播，实现新的文化体系的构建，可以从如下几个方面来着手：

1. 开展"和文化"研究。全面深入研究"和文化",调查、搜集和整理相关资料,不断完善"和文化"思想体系建设。

2. 促进"和文化"传播。 推动不同文化间的沟通、合作与融合,传播和谐共存的文化理念。

3. 组织"和文化"活动。 积极开展"和文化"研讨与交流活动,增进民族了解和合作,倡导通过协商和谈判的方式解决各种纠纷和争端,消除敌意,促进和平发展。

"和文化"思想的发展、传播与普及是长期工作。但千里之行,始于足下,唯有从当下、从基础做起,和谐共存的文明图景才会向我们展开。

文明的持续、健康发展需要人类社会共同协作、不遗余力地促进天人之和、家庭之和、群己之和、民族之和、宗教之和与国家之和。每一个人的努力、每一个人的发展都会汇聚成社会发展的基石与动力;反过来,社会的进步又为每一个个体的和

和文化

谐共存创造条件，而世界的持久和平也会随着人类社会的发展一步步地实现。随着"和文化"思想的不断发展、完善，人类终将走向人性和善、家庭和睦、矛盾和解、社会和谐、世界和平的理想未来。

2009 年 4 月于巴黎

附：

和文化之歌

你是和平的承载，你是和谐的存在；

你是同源复制的和脉，你是后文化的时代。

和是宇宙的核心规律，

它是物质和精神统一之上的最高境界；

和文化是平等的源头，万物并育而不相害。

互助、智慧、博爱主导了人类文明的和而不同。

文化复兴，民族梦，人类梦；

璀璨明天，祥和未来！